Erwachsene verstehen

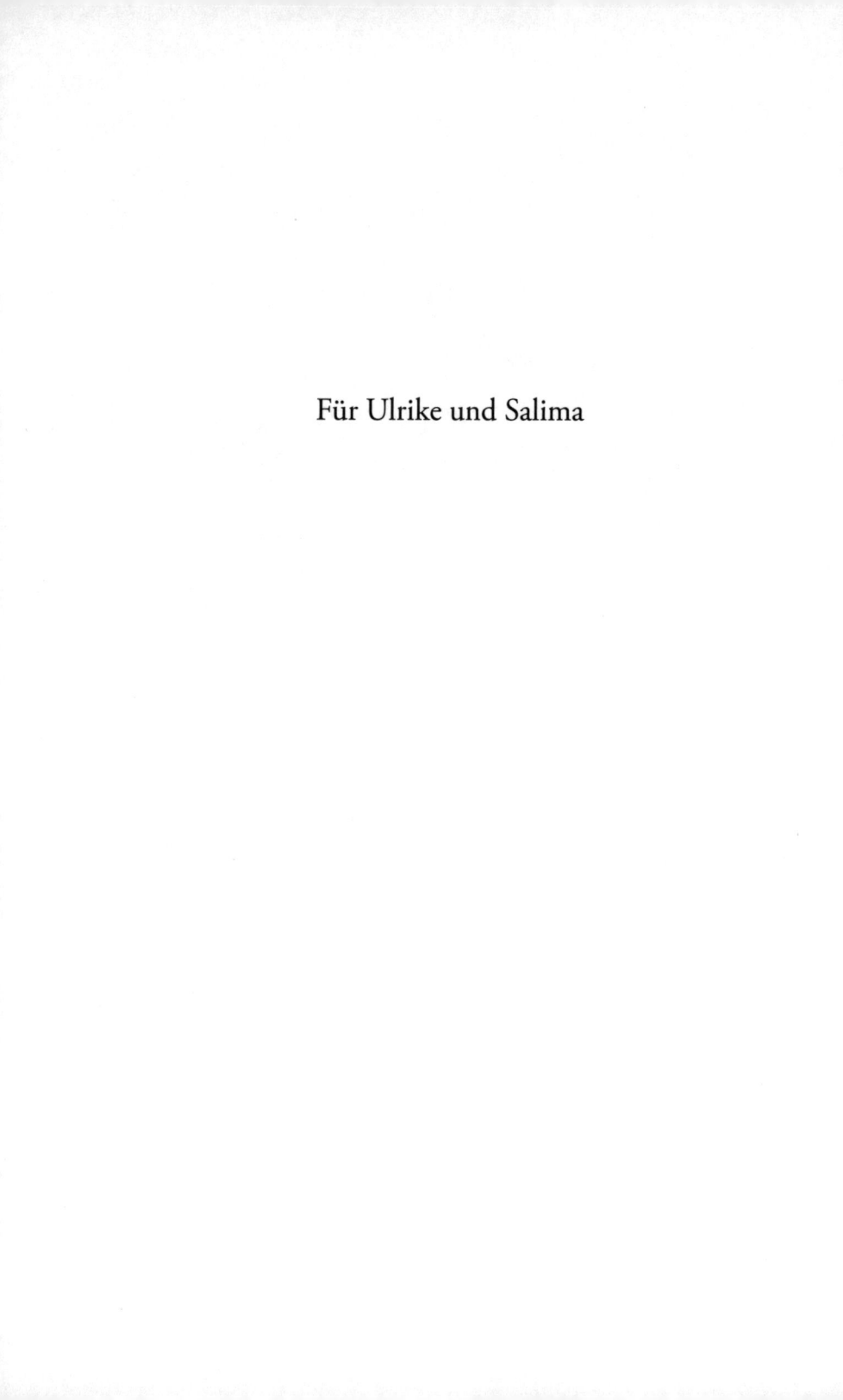

Für Ulrike und Salima

ERWACHSENE VERSTEHEN

Manchmal benehmen die sich echt seltsam.

Von Hartmut El Kurdi

Mit Illustrationen
von Marine Ludin

Inhaltsverzeichnis

»Wenn Erwachsene ein Kind haben,
dürfen sie dann mit ihm machen,
was sie wollen?« **28**

»Warum dürfen meine Eltern
alles anschauen, was sie möchten.
Ich aber nicht?« **32**

»Warum soll ich immer
›bitte‹ und ›danke‹ sagen, obwohl meine
Eltern es auch nicht tun?« **36**

»Warum behandeln manche Erwachsene
andere Leute schlecht, bloß weil sie aus einem
anderen Land kommen?« **40**

»Warum trennen sich verheiratete Menschen,
obwohl sie sich bei der Hochzeit ewige Treue
geschworen haben?« **44**

»Meine Mutter will mich immer überall
abholen, zum Beispiel nach der Tanzschuldisco.
Warum muss sie so peinlich sein?« **92**

»Warum verlangt mein Vater von mir,
dass ich in der Schule gut bin, gibt aber selbst
vor Freunden damit an, wie faul und frech
er früher war?« **96**

»Wieso wollen Eltern dauernd wissen, was
man in der Schule gemacht hat?« **100**

»Warum haben Eltern so viel Angst
um uns und warum sind manche strenger
als andere?« **104**

»Warum nehmen Erwachsene sich jedes Jahr
zu Silvester vor, im neuen Jahr alles anders
und besser zu machen?« **108**

»Manchmal höre ich zufällig, wie meine Eltern
sich über mich und meine Freunde unterhalten. Wenn
ich dann frage, worum es geht, sagen sie:
›Nichts‹. Was soll das?« **112**

»Warum sagen Erwachsene nicht,
was sie denken?« **116**

Vorwort

Der Erwachsene, das fremde und seltsame Wesen

Alle Kinder stellen Fragen. Weil sie neugierig sind. Weil sie die Welt verstehen möchten. Unsere Aufgabe als Erwachsene ist es, diese Fragen zu beantworten. So ehrlich wie möglich. Ohne Geschummel und Herumgedruckse. Das ist nicht immer einfach. Vor allem wenn es um uns geht. Dieses Buch heißt »Erwachsene verstehen«, so wie die Kolumne in »ZEIT LEO«, aus der die Texte stammen. Darin beantworte ich seit fast fünf Jahren Fragen, die Kinder mir zuschicken. Fragen über das seltsame Verhalten von Erwachsenen. Da ich versuche nicht zu lügen, muss ich in meinen Antworten mitunter zugeben, dass wir Erwachsene nicht immer Recht haben oder vernünftig sind. Manchmal tun oder sagen wir Dinge, weil wir müde oder faul sind oder weil wir grade selbst Probleme haben. Manches aber – grade wenn es um Verbote und Vorschriften geht - tun wir, weil wir im guten Sinne Schisshasen sind und auf euch aufpassen wollen und müssen. Das nervt, okay, ist aber nicht zu ändern. Deswegen sagen wir, ihr sollt Fahrradhelme aufsetzen, auch wenn die beschrubbt aussehen. Oder wir verbieten euch, alleine Silvesterböller anzuzünden, weil ihr euch sonst in die Luft jagt oder den Häuserblock abfackelt. Interessant sind dann aber die Fragen, wieso Erwachsene meistens keine Fahrradhelme tragen oder wieso sich jedes Silvester auch diverse Erwachsene den Daumen absprengen oder die Haare vom Kopf brennen …

Klar ist: Fragen sind super. Mit Fragen können Gespräche anfangen. Eine Antwort, die den Frager oder die Fragerin zum Schweigen bringen soll, ist meistens eine doofe Antwort. Übrigens führen manche der Fragen, die mir Kinder zuschicken, dazu, dass ich mich selbst meiner Tochter gegenüber anders verhalte. Danke von ihr dafür.

Wenn dieses Buch eines sagen soll, dann das hier: Fragt weiter! Alles andere ist Käse.

Hartmut El Kurdi

Spätbett

»Warum gehen Erwachsene immer so spät
ins Bett?«, fragt Heidi, 10 Jahre.

Hmm ... das stimmt ja nur halb. Auch unter uns Erwachsenen gibt es ja solche und solche: Langschläfer und Frühaufsteher, Nachtdurchmacher und Frühinsbettgeher, Bisindiepuppenpenner und Frühstücksfernsehmoderatoren. Oder wie die Wissenschaftler die unterschiedlichen Menschen nennen: Eulen und Lerchen. Die Eule ist ja bekanntlich ein Nachttier, sie wird erst aktiv, wenn es dunkel ist. Die Lerche hingegen ist ein Vogel, der frühmorgens schon zwitschert, dass die Schwarte kracht und die Ohren klingeln. Manchmal frage ich mich, ob das den anderen Tieren nicht auf die Nerven geht. Da wartet man doch eigentlich nur darauf, dass irgendein müder Hase mal brüllt: »Geht das auch leiser, du Pfeife?«

Die Schlaf-Unterschiede bei uns Menschen sind übrigens genetisch bedingt, also schon vor der

Geburt festgelegt. Nur sind sie bei Kindern noch nicht so ausgeprägt, weil ihr grundsätzlich mehr Schlaf braucht, um euch wirklich ausgeruht zu fühlen. Etwa neun oder zehn Stunden. Und weil ihr jeden Morgen früh aufstehen und in die Schule gehen müsst, werdet ihr auch automatisch früher müde und müsst früher ins Bett als Erwachsene. Egal ob Eule oder Lerche. Warum Erwachsene weniger Schlaf brauchen als Kinder, weiß man nicht so genau. Vielleicht, weil sie nicht mehr wachsen? Das Schlafbedürfnis nimmt mit dem Alter jedenfalls immer weiter ab. Achtzigjährige brauchen nur noch sechs Stunden in der Pupskiste. Wenn wir zweihundert Jahre alt würden, kämen wir wahrscheinlich mit einem halbstündigen Nickerchen zur Mitternacht aus.

Aber noch mal zu den menschlichen Eulen: Ich glaube ja, dass die auch einfach deshalb abends nicht ins Bett wollen, weil sie partout nicht möchten, dass der Tag endet. Entweder war er so schön, dass sie sich wünschen, er ginge immer weiter. Oder es war ein so atemberaubend doofer Tag, dass noch unbedingt etwas Schönes passieren soll,

damit man nicht mit diesem blöden Gefühl ein-
schlafen muss. Und sei es nur, dass man noch einen
lustigen Film im Fernsehen schauen möchte ...
Ich bin übrigens eher ein Nachttier. Ich würde mich
aber lieber als »Hamster« bezeichnen. Die sind
nämlich auch nachts wach, sehen jedoch bedeu-
tend putziger aus als Eulen. So, und jetzt ist es auch
schon spät, ich muss dann mal in mein Hamsterrad,
ein paar Runden drehen. Schlaft gut. So oder so.

Anrede

»Warum reden Erwachsene sich in Briefen immer mit ›Sehr geehrte ...‹ an, uns Kinder aber nicht?«, fragt Pia, 9 Jahre.

Komischerweise machen sich in Deutschland die
Erwachsenen ständig Gedanken darüber, wie sie
sich gegenseitig anreden sollen: Wann zum Beispiel
darf man zu jemandem »Du« sagen und ihn beim
Vornamen nennen? Wenn man ihn gut kennt, okay.
Aber wie gut genau? Und wann soll man in einem
Brief »Sehr geehrter Herr …« und wann »Liebe
Frau …« schreiben?
Wie Erwachsene Kinder ansprechen, darüber macht
sich aber kaum einer Gedanken. Niemand würde
einen Brief an ein Kind mit »Sehr geehrte Frau
Soundso« beginnen. Kinder werden nicht »geehrt«
und immer geduzt. Andersherum müssen Kinder
zu Erwachsenen aber immer »Sie« sagen, außer die
Erwachsenen sind Verwandte oder gute Freunde.
Es gab zwar mal eine Zeit, da ließen sich manche

Lehrer von ihren Schülern duzen, aber das wurde schnell wieder abgeschafft. Einige Erwachsene hatten nämlich Angst, dass die Kinder deswegen den Respekt vor den Lehrern verlieren.

Dass wir die einen mit »Du« ansprechen und andere mit »Sie«, hat mit unserer Geschichte zu tun. In früheren Jahrhunderten glaubten die Menschen nicht, dass wir alle gleich viel wert sind. Ein König hatte mehr Rechte als ein Graf, ein Stadtbürger mehr Rechte als ein Bauer, Männer hatten mehr Rechte als Frauen und Erwachsene mehr Rechte als Kinder. Wer mehr Rechte hatte, stand über demjenigen mit weniger Rechten, man sagt dazu, dass jemand »oben« oder »unten« stand. Wer über einem stand, dem musste man Respekt erweisen, und das tat man auch, indem man ihn zum Beispiel mit »Gnädiger Herr« ansprach. Damals gab es ja noch andere Anredeformen als heute. Im Prinzip musste man von »unten« nach »oben« siezen, und von »oben« nach »unten« wurde geduzt.

Irgendwann aber erkämpften sich die Menschen bei uns gleiche Rechte für alle. Dazu gehört, jeden respektvoll zu behandeln – ihn zum Beispiel auf der

Straße mit »Sie« oder im Brief mit »Sehr geehrte Frau Soundso« anzusprechen. Nur die Kinder hat man dabei vergessen. Die müssen sich weiter wie die Bauern in alten Zeiten duzen lassen. Sie selbst aber müssen die Erwachsenen siezen – so als seien diese Fürsten. Seltsam.

Am schönsten wäre es doch, man hätte, wie in manch anderen Ländern, eine gemeinsame Anredeform für alle. Ich selbst finde ein freundliches »Du« auch von einem Kind viel netter als ein steifes »Sie«. Freundlichkeit ist ja auch eine Form von Respekt. Und deswegen dürft ihr mich in euren Briefen auch gerne mit »Hallo Hartmut« statt mit »Sehr geehrter Herr El Kurdi« anreden. Und wenn ihr wollt, sieze ich euch dann dafür.

Schokolade

»Wieso sagt mein Vater immer, ich soll nicht
so viel Süßigkeiten essen, aber klaut mir
dann, wenn ich schlafe, meine Schokolade?
Spinnt der?«, fragt Elias, 11 Jahre.

Natürlich spinnt der. Aber Erwachsene sind eben auch nur Menschen. Ich weiß das. Ich bin ja selbst einer. Ehrlich gesagt habe ich sogar genau das in der Frage angesprochene Verbrechen im letzten Winter begangen: Ich habe meiner Tochter gesagt, sie soll nicht so viel von ihrer Nikolaus-Schokolade essen, ihr dann aber später einen fast vollen Adventskalender entwendet und den Inhalt innerhalb von zwanzig Minuten weggespachtelt. Und dann war mir auch noch die ganze Nacht schlecht ...

Zu meiner Verteidigung muss ich sagen, dass meine Tochter vorher gesagt hat, dass die Schokolade in dem Kalender ... äh ... schlecht schmeckt und sie sie eigentlich gar nicht mag. Sie hat natürlich statt »schlecht« ein anderes Wort benutzt, aber auch das passt ganz gut zur Frage: Erwachsene verbieten den Kindern, »Scheiße« zu sagen, aber kaum fällt dem Herrn Papa mal eine Schüssel mit Erdbeerquarkspeise auf den Küchenkachelboden, brüllt er das böse Wort selbst durch die ganze Wohnung. Selbstverständlich wissen wir, dass Kinder am meisten durch gutes Beispiel lernen und nicht durch Verbote und Vorschriften. Nur dran halten können wir uns eben nicht. Weil es zu anstrengend ist, immer ein gutes Beispiel zu geben. Da wir aber trotzdem das Gefühl haben wollen, dass wir unsere Kinder erziehen, machen wir ihnen dann Vorschriften.

Wir selbst können es allerdings nicht leiden, wenn man uns Vorschriften macht. Und zwar deshalb, weil unsere Eltern uns früher mit ihren Vorschriften fast in den Wahnsinn getrieben haben. Ja, ja, ich weiß, das ist alles ziemlich kompliziert und widerspricht sich, aber so sind wir Erwachsenen eben: widersprüchlich und kompliziert.

Deswegen wollte ich bei meiner Tochter dann wenigstens einmal ganz einfach und eindeutig sein: Ich habe ihr gesagt, dass es mir leidtut und dass es falsch

war, dass ich ihren Adventskalender leer geräumt
habe. Und dass ich ihr entweder einen neuen Kalender kaufen oder den Verlust bar ausbezahlen könnte.
Sie hat natürlich das Geld genommen. Meine Tochter ist ja nicht doof: Erst lässt sie mich die miese
Schokolade essen und kassiert dann dafür auch
noch 5,95 Euro. Gewusst, wie!

Bestimmen

»Wenn Erwachsene ein Kind haben, dürfen
sie dann mit ihm machen, was sie wollen?«,
fragt Justin, 11 Jahre.

Das Gute an dieser Frage ist, dass man sie zunächst einmal klar und deutlich mit »NEIN!« beantworten kann: Eltern dürfen mit ihrem Kind nicht machen, was sie wollen. Sie dürfen es natürlich nicht vernachlässigen, schlagen, misshandeln oder missbrauchen. Falls sie das doch tun, muss der Staat – in diesem Fall das Jugendamt und die Polizei – eingreifen und dem Kind helfen.

Manchmal muss ein Kind dann aus der Familie herausgeholt und die Eltern müssen bestraft werden. Das ist zwar nicht schön, aber nötig. In nicht ganz so schlimmen Fällen besuchen regelmäßig Mitarbeiter des Jugendamtes die Familie, um Eltern und Kindern zu helfen.

Jetzt kommen wir zum schwierigen Teil der Frage, wer in der Familie bestimmen darf: Das Gesetz sagt, dass die Eltern die Verantwortung für ihre Kinder haben. Solange das Leben und die Gesundheit des Kindes nicht bedroht sind, dürfen die Eltern deshalb über sehr vieles bestimmen. Darüber, wo das Kind lebt, auf welche Schule es geht und letztlich auch über alltägliche Dinge wie Klamotten oder Freizeitaktivitäten.

Wir Erwachsenen müssen aber klug mit dieser Verantwortung umgehen. Das heißt vor allem, dass wir uns nicht wie Bestimmer-Könige aufführen sollten. Denn ihr Kinder seid eigenständige Menschen. Ihr habt das Recht, dass wir Erwachsenen Entscheidungen, die euch betreffen, mit euch besprechen. Euch nach eurer Meinung fragen und euch nicht einfach was aufpfropfen. Denn wenn jemand etwas auf gar keinen Fall tun will, dann kann man ihn auch nicht dazu zwingen. Dazu müsste man körperliche oder seelische Gewalt anwenden. Und das dürfen Eltern nicht, wie ich ja schon erklärt habe. Glücklicherweise wollen das die meisten Eltern auch gar nicht, sondern lassen euch mitbestimmen. Wir versuchen, Kompromisse mit euch zu finden. Manchmal müssen wir aber etwas ohne euch regeln.

Zum Beispiel, um euch zu beschützen. Einige wichtige Entscheidungen könnt ihr alleine noch nicht treffen, weil ihr die Folgen nicht versteht oder weil ihr zu wenig Erfahrung habt. Sollten wir eine Entscheidung treffen, die nicht nach eurem Geschmack ist, müssen wir dafür aushalten, dass ihr uns deswegen doof findet. Und glaubt mir, das ist wirklich das Letzte, was wir wollen.

Fernsehen

»Warum dürfen meine Eltern alles
anschauen, was sie möchten. Ich aber
nicht?«, fragt Leon, 9 Jahre.

Das Fernsehen ist eine tolle Erfindung. Wie auch Bücher, das Radio oder das Internet. Alle diese Dinge kann man benutzen, um spannende Geschichten erzählt zu bekommen, Informationen zu finden und um eine Menge Spaß zu haben. Das heißt aber nicht, dass alles, was im Fernsehen läuft, interessant ist.

So wie es einen Haufen öder Bücher gibt, sind auch viele Fernsehsendungen strunzdoof und gehirnbetäubend. Oder können verwirren oder von wichtigeren Dingen ablenken. Wenn wir Eltern nicht aufpassen würden, was und wie viel unsere Kinder im Fernsehen schauen, dann wäre das genau so, als wenn uns egal wäre, wo und mit wem ihr sonst eure Freizeit verbringt.

Wir wollen eben nicht, dass ihr nachts schlotternd

im Bett liegt und nicht schlafen könnt, weil ihr einen fiesen Horrorfilm geguckt habt. Oder dass ihr zappelig werdet, weil ihr ständig vor der Glotze oder dem Computer hängt, statt draußen zu spielen oder schwimmen zu gehen. Kinder müssen sich bewegen, rumtoben und Blumenbeete verwüsten – nicht nur weil es gesund ist, sondern weil es Spaß macht.

Das heißt auf keinen Fall, dass wir einfach ohne Erklärung alles verbieten dürfen, sondern dass wir zusammen mit euch vernünftige Lösungen suchen müssen. So weit, so logisch.

Doof nur, dass wir bei uns selbst oft weniger aufpassen. Auch wir Erwachsenen schlafen schlecht, wenn wir zu viel oder das Falsche im Fernsehen anschauen. Aber uns darf eben niemand was vorschreiben. Wenn man 18 Jahre alt ist, darf man machen, was man will. Das ist nun einmal so. Solange man keine Gesetze verletzt jedenfalls. Wenn ihr Kinder uns zum Beispiel sagen würdet, wir sollten keine Krimis mehr gucken, würden wir wahrscheinlich patzig werden. Also müsst ihr es anders versuchen.

Wenn eure Eltern euch mal wieder eine Fernsehsendung verbieten, dann macht ihnen doch folgenden

Vorschlag: Okay, ich darf das nicht sehen, aber dafür gehen wir zusammen raus und unternehmen etwas! Oder wir spielen zu Hause ein Spiel. Oder wir lesen uns gegenseitig etwas vor. Hauptsache, zusammen. Und wenn nicht jetzt, dann am nächsten Samstag.

Denn eins ist klar: Zusammen etwas zu unternehmen ist für alle besser als immer nur fernsehen. Auch für uns Eltern.

Höflichkeit

»Warum soll ich immer ›bitte‹ und ›danke‹ sagen, obwohl meine Eltern es auch nicht tun?«, fragt Max, 8 Jahre.

Stimmt, wenn ein Kind sagt: »Ich will Schokolade!«, antworten wir Erwachsenen gerne mal: »Wie heißt das Zauberwort?« Und abgesehen davon, dass manche von uns das rasend witzig finden, wollen wir vor allem hören, dass das Kind »bitte« sagt. Und danach natürlich »danke«.

Oft vergessen wir die beiden Wörtchen dann aber selbst, wenn wir von unseren Kindern etwas wollen. Oder wir benutzen sie in einem Ton, der das Gegenteil meint. »Anna, könntest du jetzt BITTE endlich das Licht ausmachen!« heißt ja eigentlich: »Mach sofort das Licht aus, sonst krieg ich einen Tobsuchtsanfall!« Wir bitten also gar nicht um etwas, sondern geben Befehle.

Dabei sollte natürlich jeder höflich und freundlich sein, wenn er etwas möchte oder auch bekommt.

Und das heißt nun mal »bitte« und »danke« zu sagen. Man möchte ja zum Beispiel am Abendbrottisch nicht mit »Gib mir gefälligst mal die Butter!« angebellt werden. Selbstverständlich hat das auch für Erwachsene zu gelten.

Doch wie so oft glauben wir Erwachsenen, wir würden immer alles richtig machen. Oder zumindest das meiste. Und wenn nicht, dann hätten wir gute Gründe dafür. Kinder aber, glauben wir, wüssten noch nicht, wie die Welt funktioniert und deshalb müssten wir es ihnen erst beibringen. Zum Teil stimmt das ja auch.

Was wir aber gern vergessen: Kinder lernen vor allem, indem sie sich Dinge abgucken. Wenn Eltern etwas mit Begeisterung und Selbstverständlichkeit tun, dann machen das die Kinder meistens auch. Das gilt für vieles: fürs Lesen, Kochen, Aufräumen und auch fürs Höflichsein. Das heißt, wenn wir nett zueinander sind, werden unsere Kinder ebenfalls nett sein. Wenn wir euch trotzdem hin und wieder daran erinnern müssen, ist das zumindest fair. Und wenn ihr uns hin und wieder erinnern müsst, ist das genauso fair.

Ach ja: Und wenn ihr wieder mal Schokolade wollt, dabei das »Bitte« vergesst und euch ein Erwachsener fragt, wie das »Zauberwort« heißt, sagt einfach: »Zackzack!« Das ist immer wieder ein Brüller, garantiert!

Neu oder fremd

»Warum behandeln manche Erwachsene
andere Leute schlecht, bloß weil sie
aus einem anderen Land kommen?«,
fragt Mayla, 10 Jahre.

Es gibt Menschen, die Angst bekommen, wenn etwas neu und fremd ist. Um uns herum verändert sich vieles: Häuser werden abgerissen, das Schwimmbad um die Ecke macht zu, der alte Metzgerladen wird zum Handy-Shop, Menschen verlieren ihre Arbeit und müssen einen neuen Beruf lernen. Das ist anstrengend. Einfacher ist es, wenn alles so bleibt, wie es schon immer war. Dann kennen wir uns aus.

Zu den Veränderungen, vor denen manche Leute Angst haben, gehört auch, dass Menschen aus anderen Ländern zu uns kommen. Diese Einwanderer und Flüchtlinge sehen anders aus, sprechen anders, haben vielleicht eine andere Religion – und manche Deutschen wissen nicht, wie sie mit ihnen umgehen sollen. Oft versuchen die Einheimischen aber erst gar nicht, die Einwanderer kennenzulernen. Wenn irgendwas Doofes passiert, schieben sie es dann auf »die Fremden«. Weil das einfacher ist, als zu überlegen, wer wirklich schuld ist.

Das ist aber falsch und dumm. Natürlich gibt es auch Probleme, wenn Menschen aus verschiedenen Ländern aufeinandertreffen. Und natürlich muss man versuchen diese Probleme zu lösen. Aber es ist immer auch interessant, wenn sich Dinge verändern.

Ich bin noch in einem Deutschland aufgewachsen, in dem es nicht so viele Einwanderer gab. Da war vieles langweiliger: das Essen, die Musik, die Atmosphäre. Immer nur das Gleiche. Meine Güte, war das öde. Heute ist es hier viel bunter und das liegt auch an den Türken, Polen, Arabern, Russen und Afrikanern. Ich mag Deutschland, aber ich mag die neuen Einflüsse genauso. Ich mag es, wenn sich die Dinge vermischen. Ich bin ja selbst so ein Mischmasch: Meine Mutter ist Deutsche und mein Vater Jordanier, von dem habe ich auch meinen Nachnamen: El Kurdi.

Mit dem Fremden ist es oft so: Erst ist es un-gewohnt, dann findet man es interessant – und schließlich ist es Teil unseres Lebens. Wie zum Beispiel Döner, Pizza und Hip-Hop. Auch Mayla, Ayshe und Serdar gehören inzwischen glücklicher-weise zu Deutschland. Genau wie Kevin, Vanessa und … äh … ja Hartmut.

Trennung

»Warum trennen sich verheiratete
Menschen, obwohl sie sich bei der Hochzeit
ewige Treue geschworen haben?«,
fragt Saskia, 11 Jahre.

Zunächst einmal: Es gibt verheiratete Menschen, die kriegen es hin, einander treu zu sein und ein Leben lang zusammenzubleiben. Andere schaffen das leider nicht, obwohl sie sich Mühe geben. Das hat viele Gründe. Vor allem liegt es daran, dass Menschen sich verändern. Sie interessieren sich plötzlich für andere Dinge, haben andere Träume und Wünsche. Und manchmal begegnen sie auch neuen Menschen, die für sie plötzlich sehr wichtig werden.

So etwas Ähnliches kennst du bestimmt auch. Vielleicht hattest du im Kindergarten eine beste Freundin oder einen besten Freund. Ihr habt jeden Tag miteinander gespielt, ihr hattet Geheimnisse und ihr hättet euch nie vorstellen können, dass eure Freundschaft mal zu Ende geht. Dann kamt ihr in die Schule und alles war anders: Viele neue Kinder, alle unterschiedlich, aber nicht uninteressant. Vielleicht hast du ein neues Hobby entdeckt. Karate oder Ballett. Und der alte Freund oder die alte Freundin fand die neuen Freunde doof oder das Hobby langweilig. Dann habt ihr euch immer seltener verabredet, irgendwann gar nicht mehr. Vielleicht habt ihr noch nicht einmal gestritten, sondern irgendwann einfach gemerkt, dass ihr nicht mehr zusammenpasst. Das ist zwar schade, aber es passiert. Und trotzdem ändert es nichts daran, dass ihr mal beste Freunde wart und gemeinsam eine tolle Zeit hattet.

Auch Erwachsene erleben so was, nicht nur mit Freunden, sondern manche eben auch mit ihrem Ehepartner. Blöd ist, wenn diese Erwachsenen Kinder haben, die dann unter einer Trennung leiden müssen. Natürlich wollen Kinder nicht, dass ihre Eltern sich trennen und dann vielleicht sogar in jemand anderen verlieben. Aber falls es doch passiert, muss man immer an eins denken: Wenn Eltern sich voneinander trennen, heißt das nicht, dass sie sich von ihren Kindern trennen. Sie bleiben Eltern, ein Leben lang. Gemeinsam. Wenn sie klug sind, werden sie versuchen sich trotz der Trennung abzusprechen und zusammen wichtige Dinge zu entscheiden.

Wenn sie das einmal vergessen sollten, hast du das Recht, sie daran zu erinnern. Du kannst sie nicht zwingen sich weiter zu lieben, aber du darfst von ihnen verlangen, dass sie sich gemeinsam um dich kümmern. Meine Eltern haben das nach ihrer Trennung leider nicht so gut geschafft. Deswegen weiß ich, wovon ich rede. Aber das ist lange her. Heute gelingt das glücklicherweise viel mehr Eltern. Trotzdem bleibt eine Trennung etwas Trauriges. Aber wenn alle sich Mühe geben, dann wird die Traurigkeit mit der Zeit immer schwächer. Versprochen.

Warum ich Fragen stelle

Meine Eltern haben sich scheiden lassen, als ich fünf Jahre alt war. Damals habe ich erlebt, wie ein Kind sich fühlt, wenn man seine Fragen nicht richtig beantwortet. Ich hatte viele Fragen. Zum Beispiel: Warum trennen sich Erwachsene, obwohl sie sich mal geliebt haben? Warum kann Liebe überhaupt aufhören? Warum trinken Erwachsene Alkohol, wenn sie traurig sind? Warum fangen sie auf einmal an zu rauchen, obwohl sie wissen, dass es ungesund ist? Können Geschwister Geschwister bleiben, auch wenn sie nicht zusammenleben – weil die einen beim Vater sind und die anderen bei der Mutter?

Auf manche dieser Fragen hat meine Mutter versucht zu antworten. Irgendwie. Selten ehrlich. Aber ich glaube nicht, dass sie mich anlügen wollte. Wahrscheinlich dachte sie, ein Kind kann die Wahrheit noch nicht verstehen. Vielleicht hatte sie auch selbst auf viele Fragen keine Antworten. Deswegen hat sie auch oft gar nichts gesagt. Für mich war das schlimm. Wenn man Sachen erlebt, die einem wehtun, und niemand versucht zu erklären, warum diese Sachen passieren, tun sie oft noch mehr weh. Weil man sich noch hilfloser vorkommt. Und weil man falsch weiterdenkt. Zum Beispiel denken viele Scheidungskinder: ›Meine Eltern lieben sich jetzt nicht mehr – da kann es bestimmt auch passieren, dass sie mich nicht mehr lieben.‹ Das passiert aber nicht. Weil die Liebe zwischen zwei Erwachsenen und deren Liebe zu ihren Kindern etwas ganz anderes ist. Aber das müssen wir Erwachsenen euch Kindern erklären. Und ihr müsst euch trauen so etwas zu fragen.

Obwohl ich gefragt habe, bekam ich keine Antworten – glücklicherweise habe ich aber nicht aufgehört zu fragen. Auch bei ganz anderen Themen. Als ich ungefähr neun oder zehn war, kam die »Sesamstraße«

ins deutsche Fernsehen. Die meisten von euch werden den Text des Titelsongs kennen: »Der, die, das, wer, wie, was – wieso, weshalb, warum – wer nicht fragt, bleibt dumm! Tausend tolle Sachen, die gibt es überall zu sehen. Manchmal muss man fragen, um sie zu verstehen.«

Daran habe ich mich gehalten. Egal ob es um die Natur, die Technik oder um Gott ging. Oder darum, wie die Menschen sich in bestimmten Situationen benehmen: Immer habe ich gefragt. Nicht immer habe ich die Antworten verstanden. Ich kapiere zum Beispiel immer noch nicht, wie Autos oder Telefone wirklich in allen Einzelheiten funktionieren, aber durch das Fragen und das Nachdenken über die Antwort habe ich zumindest ein bisschen mehr kapiert als vorher.

Manchmal sind Fragen auch eine Form, sich gegen Ungerechtigkeit zu wehren. Oder dagegen, dass jemand sich als Bestimmer aufspielt. Wenn dir jemand befiehlt irgendetwas zu tun – egal ob es der Vater, die Lehrerin oder der Chef bei der Arbeit ist –, kannst du immer fragen: »Warum?« Oft gibt es einen guten Grund, warum man etwas tun sollte.

Und wenn man den erklärt bekommt, macht man die Sache viel lieber und besser oder wenigstens weniger widerwillig. Und wenn es keinen Grund gibt, kann man immer noch überlegen, ob man es trotzdem macht. Vielleicht um jemanden einen Gefallen zu tun. Auch das ist okay. Oder man lässt es eben.

Eigentlich ist »Warum?« die entscheidende Frage für alles. Wenn man die Welt verstehen will, muss man immer wieder fragen: »Warum?« Dooferweise gibt es nicht immer eine eindeutige Antwort. Zum Beispiel auf die Frage, warum die Menschen irgendwann sterben. Menschen, die an Gott glauben, geben darauf eine andere Antwort als Menschen, die nicht gläubig sind. Aber auch hier hilft schon das Nachdenken über das Warum ein bisschen weiter. Denn das bedeutet, dass man Dinge nicht einfach so hinnimmt, sondern sich mit ihnen beschäftigt. Auch das gehört zum Großwerden, zum Erwachsenwerden dazu: zu lernen, dass es nicht auf alle Fragen eine Antwort gibt – und dass man trotzdem weiter fragen muss.

Arbeit

»Warum müssen sich Erwachsene
immer über die Arbeit aufregen?«,
fragt Mirjam, 10 Jahre.

Wahrscheinlich aus dem gleichen Grund, warum Kinder über die Schule motzen: Weil es rausmuss. Weil man sonst Gehirnschwurbel bekommt. Oder einen Hund beißt. Oder den Fernseher, die große Schwester oder den Ehepartner aus dem Fenster schmeißt. Oder was alles noch passieren kann, wenn sich der Ärger aufstaut und dann explosionsartig entlädt.

Nix ist immer schön. Leider. Selbst die beste Schule mit den tollsten Lehrern nervt hin und wieder. Und auch der interessanteste Beruf hat seine blöden Seiten: Zeitdruck, zu viel zu tun, eine doofe Kollegin, einen unangenehmen, streng müffelnden Chef mit feuchter Aussprache …

Viele Menschen haben aber gar keinen interessanten Beruf und sie müssen trotzdem Geld verdienen.

Also machen sie Jobs, die unangenehm und hart sind, einige sogar ungesund. Wobei ich manchmal das Gefühl habe, dass die Putzfrauen, Müllwagenfahrer und Kanalarbeiter weniger über ihre Jobs meckern als Leute wie ich, die es am Schreibtisch oder auf Theaterbühnen doch ganz kuschelig haben. Wenn einem im Leben oder im Job etwas nicht gefällt, kann man unterschiedlich damit umgehen: Erstens kann man überlegen, ob das, was einen ärgert, wirklich so ärgerlich ist. Vielleicht ist Mathe, Bio, Reli oder der Artikel, den man schreiben soll, gar nicht so öde und sinnlos, wie man denkt. Vielleicht muss man nur das Tolle und Aufregende daran suchen und finden. Und schon muss man nicht mehr genervt sein.

Dann gibt es die Möglichkeit, die Dinge, die einen ärgern, zu ändern. Das ist eigentlich das Beste. Oft hilft schon ein Gespräch mit dem Lehrer, der Chefin oder dem Kollegen.

Es gibt aber auch Sachen, die sich nicht ändern lassen. Oder man hat nicht den Mut, sie zu ändern. Aus Angst, gar keinen Job mehr zu haben, trauen wir Erwachsenen uns oft nicht, einen doofen Job zu

kündigen. Oder dem Chef die Meinung zu sagen.
Also machen wir immer weiter. Und dann müssen
wir meckern, motzen, Dampf ablassen.

Das kann zwischendurch ganz okay sein. Damit
man nicht durchdreht. Aber auf Dauer sollte man
entweder seine Einstellung oder die Sache selbst
ändern. So schwer das manchmal auch ist.

Alkohol

»Warum trinken Erwachsene
manchmal lieber Wein statt Saft?«,
fragt Lara, 11 Jahre.

In Wein ist Alkohol. So wie auch in Bier, Sekt und Schnaps. Alkohol ist eine Droge, und Menschen nehmen Drogen, um sich anders zu fühlen. Trinkt man ein bisschen Alkohol, fühlt man sich entspannter. Trinkt man viel Alkohol, verliert man die Kontrolle über sich, redet Quatsch, manchmal stolpert man und fällt auf den Hintern oder den Kopf. Das ist nicht nur peinlich, sondern auch gefährlich.

Natürlich heißt das nicht, dass deine Eltern gleich drogensüchtig sind, wenn sie mal zwei Gläser Wein oder Bier trinken. Du brauchst auch keine Angst zu haben, dass sie demnächst hackedicht durch die Straßen torkeln, sich nackt ausziehen, schmutzige Lieder singen und in die Blumenrabatten brechen. Die meisten Erwachsenen können ein bisschen

Alkohol ganz gut vertragen, auch wenn es gesünder ist, keinen Alkohol zu trinken.

Für Kinder ist Alkohol allerdings immer gefährlich, schnell sogar lebensgefährlich. Weil Kinder noch wachsen und ihre Körper Alkohol noch nicht verarbeiten können. Also: Finger weg!

In Deutschland gehört Alkohol schon seit Jahrhunderten zum Alltag: zu einer Feier, zu einem leckeren Essen, zum Feierabend. Es gibt aber auch Länder, da ist das anders. Zum Beispiel dort, wo die meisten Menschen Muslime sind. Denn der Islam als Religion verbietet das Trinken von Alkohol.

Wir Erwachsenen sagen gern, dass wir Wein oder Bier trinken, weil es uns schmeckt, und nicht, weil wir uns damit lustiger oder weniger gestresst fühlen. Bei manchen von uns stimmt das sogar. Aber ich glaube, dass die meisten den Alkohol nicht trinken würden, wenn er nicht auch eine gewisse Wirkung hätte.

Selbst wenn man wollte, wäre es schwierig, Alkohol ganz abzuschaffen. Man kann nur hoffen, dass die Menschen verantwortungsvoll mit dieser Droge umgehen. Falls du merkst, dass jemand wirklich Probleme damit hat, dass er zu oft zu viel trinkt oder nach dem Trinken von Alkohol aggressiv wird, dann wende dich an einen Erwachsenen, dem du vertraust, und sprich mit ihm darüber. Wenn jemand wirklich will, kann er sich helfen lassen. Aber das ist ein Job für Erwachsene und nicht für Kinder.

Versprechen

»Wieso sagen meine Eltern:
›Wenn du deine Hausaufgaben machst,
gehen wir raus und unternehmen etwas
Tolles‹, halten ihr Versprechen aber
nicht?!«, fragt Carla, 11 Jahre.

Ich könnte jetzt versuchen zu erklären, warum
wir Erwachsenen oft wenig Zeit haben und warum manche von uns leider ein Versprechen, das
sie einem Kind geben, nicht richtig ernst nehmen.
Aber ich stelle lieber zwei Fragen: Machst du deine Hausaufgaben nur, wenn dir deine Eltern etwas
dafür versprechen? Und die zweite Frage ist an deine
Eltern gerichtet: Warum versprecht ihr eurer Tochter als Belohnung etwas, was ihr eigentlich sowieso
tun solltet?

Klar, Hausaufgaben sind mittel- bis schwerdoof. Da
sind wir uns einig. Klar ist aber auch, manche Hausaufgaben müssen sein: Fremdsprachen-Vokabeln
lernen zum Beispiel. Also muss man da durch. Und

das Sinnvollste ist: Einfach machen! Nicht lange rumtrödeln, nicht rausschieben. Machen! Und statt auf eine Belohnung von deinen Eltern zu hoffen, solltest du dich lieber selbst belohnen und dir sagen: Wenn ich Englisch-Vokabeln geübt habe, kann ich mich hinterher verabreden, chatten, lesen, schwimmen gehen ...

Zugegeben, wenn man kein fleißiges Lieschen ist, sondern eher zu den faulen Säcken gehört, ist das gar nicht so einfach. Ich als fauler Sack weiß das. Aber es ist wirklich ein tolles Gefühl, die Arbeit hinter sich zu haben und endlich was Schönes machen zu dürfen. Ohne schlechtes Gewissen und Gemecker von den Eltern.

Und nun zu deinen Eltern. Rede mit ihnen. Sag ihnen, dass du mehr mit ihnen unternehmen möchtest, mehr Zeit mit ihnen verbringen willst – und das nicht als Belohnung für irgendetwas, sondern weil ihr eine Familie seid und du sie lieb hast und sie brauchst. Manchmal muss man uns Erwachsenen so etwas ins Gesicht sagen. Wir denken nämlich oft: Erst mal muss ich noch dieses machen und dann jenes und dann irgendwann, vielleicht in den

Ferien, habe ich auch endlich richtig Zeit für die Kinder. Das ist aber Quatsch, Zeit für die Kinder muss man immer haben!

Manchmal ist es einfacher, manchmal schwieriger, sich die Zeit zu nehmen – aber ein bisschen was geht immer. Und wir freuen uns, wenn wir spüren, dass es euch Kindern wichtig ist. So und jetzt muss ich aufhören, ich muss nämlich dringend mit meiner Tochter einen Kakao trinken gehen. Und danke für die Erinnerung!

Frühbett

»Warum muss ich im Sommer ins Bett,
obwohl es noch hell ist?«,
fragt Silas, 8 Jahre.

Ich könnte es mir einfach machen und sagen: »Weil ein Kind im Sommer genauso viel Schlaf braucht wie im Winter.« Und natürlich stimmt das auch. Man schläft ja nicht, weil es dunkel ist, sondern damit der Körper sich erholt. Dafür müssen Kinder nun mal neun oder zehn Stunden den »Bettmän machen«, »in der Pofe liegen«, »an der Matratze horchen«, »abschnorcheln«, »punzeln«, »pennen«, »in Morpheus Armen liegen« … Wow, wer hätte gedacht, dass es so viele Ausdrücke für etwas so Mittellangweiliges wie »schlafen« gibt? Na egal, zurück zur Antwort: Die Begründung mit dem für den Körper wichtigen Schlaf stimmt nur zum Teil. Die Wahrheit ist: Wir Erwachsenen schicken Kinder ins Bett, damit endlich mal Ruhe im Karton ist. Übrigens tun das auch die netten Erwachsenen.

Besonders die. Weil die sich nämlich besonders viel um ihre Kinder kümmern und den ganzen Tag über ansprechbar sind. Aber auch solche Eltern sind keine Heiligen oder Superhelden. Irgendwann müssen die auch mal Zeit für sich haben. Sie möchten sich auch mal *nicht* kümmern und *kein* gutes Beispiel abgeben müssen. Die wollen auch einfach mal nur auf dem Sofa liegen, Chips, Erdnusswürmchen und andere ungesunde Sachen in sich reinstopfen, Fernsehen glotzen und das Hirn ausschalten.

Okay, das ist das, was ich mache, wenn meine Tochter im Bett ist. Andere, ernsthaftere Menschen sitzen vielleicht am Küchentisch, trinken Zitronengrastee und unterhalten sich mit ihrem Partner über ein Theaterstück, die Oper, die Weltpolitik oder andere bedeutende Themen. Aber auch die brauchen dafür Ruhe. Das geht nicht, wenn Kinder um einen herumwuseln, sich mit Wasserpistolen beschießen, Legosteine durch die Gegend schmeißen oder fragen, warum Insekten nur sechs, Spinnen aber acht Beine haben – oder war es umgekehrt?

Klar ist also: Es geht beim Ins-Bett-Schicken gar nicht um euch. Ausnahmsweise. Es geht um uns. Auch wenn wir euch das eigentlich nicht verraten dürfen. So und jetzt: Licht aus und gute Nacht!

Mopsige Eltern

»Warum sind Erwachsene dicker als Kinder?«, fragt Jule-Sophie, 10 Jahre.

Das stimmt zwar nicht immer, kommt aber öfter mal vor. Warum, erkläre ich gleich. Vorher muss ich aber dringend feststellen, dass um das Dick- und Dünnsein viel zu viel Theater gemacht wird. Solange man keine gesundheitlichen Probleme bekommt, ist das Gewicht nicht wirklich von Bedeutung. Leider gibt es auch die anderen Fälle: Menschen, die so dick sind, dass sie dadurch krank werden. Oder Menschen, oft junge Mädchen, die sich krank oder manchmal sogar zu Tode hungern, weil sie so dünn sein wollen wie die Topmodels im Fernsehen. In beiden Fällen muss man etwas unternehmen – mit Ernährungsberatung und psychologischer und ärztlicher Unterstützung.

Aber ansonsten: Solange man sich halbwegs gesund ernährt und sich regelmäßig bewegt, wird man normalerweise nicht krankhaft dick. Also einfach etwas weniger Pommes, Burger und Schokolade und mehr Obst und Gemüse essen und nicht nur vor dem Computer hocken, sondern schwimmen, Skateboard fahren oder tanzen – und alles ist okay. Wenn man trotzdem ein paar Kilos zu viel hat, kann das sogar nützlich sein. Als Polster, für den Fall, dass man mal länger krank ist und nicht richtig essen kann.

So, und jetzt zu den mopsigen Eltern. Okay, ich wiege jetzt auch mehr als vor zwanzig Jahren. Und das obwohl ich jeden Tag Fahrrad fahre und mit gesunden, frischen Zutaten koche. Meistens. Leider bin ich aber erwachsen und muss niemanden mehr fragen, ob ich abends noch eine Tafel Schokolade essen darf. Oder eine Tüte Chips. Und ich hab glücklicherweise auch genug Geld, um mich nachmittags in ein Café zu setzen und ein Stück Käsesahnetorte zu bestellen. Oder auch mal zwei. Und wenn ich dann doch mal keine Lust zum Kochen habe, schiebe ich eine Tiefkühlpizza in den Backofen …

Und das ganze Rumlatschen und Radfahren ist Pipifax im Vergleich zu der Bewegung, die ich als

Kind hatte. Da war ich jeden Nachmittag mit den anderen Kindern auf der Wiese und hab Fußball gespielt. Oder Rundlauf an der Tischtennisplatte hinter unserem Haus. Manchmal bin ich auch einfach so rumgerannt. Aus Spaß am Rumrennen. Kurz und gut: Ich esse heute mehr Mist und bewege mich weniger, deswegen bin ich dicker als meine Tochter. Das ist die bittere Wahrheit.

Und dann kommt noch etwas dazu: Die Natur hat es so eingerichtet, dass sich der »Stoffwechsel« verändert, wenn man älter wird. Das heißt, der Körper verbraucht nicht mehr so viel und speichert die nicht verbrauchte Nahrung als Fett. Doofe Sache. Aber nicht zu ändern. Früher war ich ein schlankes Frettchen, heute bin ich ein pummeliges Meerschweinchen. Aber ich mag Meerschweinchen. Hat mal jemand 'ne Möhre?

Helm

»Warum zwingen mich meine Eltern,
beim Radfahren einen potthässlichen Helm
zu tragen, fahren selbst aber immer oben
ohne?«, fragt Paula, 11 Jahre.

Tja, das hängt vor allem damit zusammen,
dass wir Erwachsenen immer noch denken, wir
dürften euch Kindern alleine deswegen etwas vorschreiben, weil wir Erwachsene sind – und ihr eben
Kinder seid. Das ist selbstverständlich Blödsinn.
Wenn überhaupt, dürfen wir euch nur deshalb mal
etwas vorschreiben, weil wir bei bestimmten Dingen
mehr Erfahrung haben oder Gefahren besser ein-
schätzen können. Was aber oft auch nicht stimmt,
wie man an diesem Helm-Beispiel erkennen kann.
Denn natürlich ist es sicherer, beim Fahrradfahren
einen Helm zu tragen, nicht nur im Winter, wo
man bei Glatteis schnell mal auf die Rübe fällt.
Wenn deine Eltern das wirklich kapiert hätten,
würden sie auch einen tragen. Wenn sie nun aber

keinen aufsetzen, was heißt das dann? Dass es ihnen egal ist, wenn ihnen selbst etwas passiert? Dass sie gar nicht darüber nachdenken, was sie so reden? Dass die Schädel von Erwachsenen stabiler sind als Kinderköpfe? Oder dass sie glauben, dass Erwachsene seltener einen Unfall haben? Nee, stimmt alles nicht.

Wenn es um Gefahren geht, dann sind wir Erwachsenen einfach schizophren – das heißt, wir haben eine gespaltene Persönlichkeit. Dreht es sich um unsere Kinder, sind wir total vorsichtig. Geht es um uns selbst, ist alles nicht so schlimm. Das sieht man zum Beispiel daran, dass manche Eltern schwachsinnige Dinge tun. Zigaretten rauchen, obwohl das ungesund ist. Oder Auto fahren, obwohl sie ein bis fünf Bier zu viel getrunken haben. Oder sie schnallen sich manchmal im Auto nicht an, weil sie es eilig haben. Oder rennen bei Rot über eine Ampel. Würdest du etwas ähnlich Gefährliches tun, also zum Beispiel mit einer Zigarette in der einen Hand, einem Bier in der anderen, freihändig, ohne Helm und Licht auf dem Fahrrad die Straße entlangfahren – du kannst dir sicher sein, dass deine Eltern kom-

plett ausflippen würden. Zu Recht natürlich. Aus
mindestens fünf Gründen. Was sie dabei ignorieren,
ist, dass Erwachsene selbst immer wieder Dinge tun,
die genauso gefährlich sind. Auch wenn sie nicht
immer so schlimm aussehen.

Also: Wenn deine Eltern vernünftigerweise verlangen, dass du beim Radfahren einen Helm trägst,
dann sollen sie das gefälligst auch selbst tun. So,
und jetzt hoffe ich nur, dass meine Tochter diesen
Artikel nicht liest. Und falls doch, dass irgend-
jemand endlich mal einen Fahrradhelm erfindet,
mit dem man nicht ganz so doof aussieht.

Intelligenz

»Warum sind manche Leute so wahnsinnig
schlau, andere dafür aber gar nicht?«,
fragt Luisa, 9 Jahre.

Da sprichst du ein heißes Eisen an. Früher waren die Leute nämlich der Meinung, Schlauheit und Dummheit würden vererbt. Sie meinten damit, dass kluge Eltern kluge Kinder bekommen und dumme Eltern dumme Kinder. Schluss, aus, basta.

Dann aber stellte man fest, dass es auch Eltern gab, die nicht sehr intelligent waren, aber trotzdem pfiffige Kinder hatten. Und wenn man diese Kinder dann noch richtig förderte und in gute Schulen schickte – nanu, dann wurden die doch tatsächlich genauso klug wie die Kinder von den Rechtsanwälten und Ärzten! Also schloss man daraus, dass die Intelligenz vor allem von der Erziehung und der Schulausbildung abhängt.

Wenn das so ist, muss man jedem Kind die gleichen Chancen geben, egal ob die Eltern klug oder nicht so klug sind, gebildet oder ungebildet. Denn man weiß ja nie, was aus einem Kind werden könnte. Ein zukünftiges Physik-Genie nicht zu fördern, bloß weil die Eltern keine Ausbildung haben oder nicht richtig Deutsch können, wäre nicht nur unfair, sondern auch ziemlich bescheuert. Weil genau dieses Physik-Genie dann fehlen könnte, zum Beispiel bei der Entdeckung einer neuen, billigen und ungefährlichen Art, Energie herzustellen. Oder bei der Entwicklung eines Gerätes, das Gemüseauflauf in Schokokuchen verwandelt.

Inzwischen geht man davon aus, dass die Gene, also die Vererbung, für die Intelligenz doch eine gewisse Rolle spielen, aber nicht auf so einfache Art, wie man sich das früher gedacht hat. Bei jedem Kind vermischen sich ja die Gene seines Vaters und seiner Mutter und kombinieren sich neu. Und dieser Mix ist manchmal sehr überraschend. Deswegen sind Kinder oft ganz anders als ihre Eltern oder ihre Geschwister.

Ich finde es übrigens auch gar nicht schlimm, wenn jemand nicht superschlau ist. Manche Menschen haben einfach andere, ebenso wichtige Talente und

Fähigkeiten. Wichtig ist nur, dass wir jedem die Chance geben, das Beste aus seinen Möglichkeiten herauszuholen. Und nicht vorher schon bestimmen, was aus einem werden soll, bloß weil seine Eltern so oder so waren. Ja, das wäre toll, wenn uns das gelänge!

Gruppenstrafe

»Warum muss die ganze Klasse eine Strafarbeit schreiben, wenn nur einer gequatscht hat? Das ist doch nicht fair, oder?«, fragt Haidet, 12 Jahre.

Stimmt, das ist nicht fair. Um es gleich vorweg-
zusagen: Lass dir das nicht gefallen!
Diese Form der Bestrafung nennt man Kollektivbe-
strafung. Das heißt, dass ein »Kollektiv«, also eine
Gruppe von Menschen, für das bestraft wird, was
nur einer von ihnen getan hat. Zu früheren Zeiten
war das normal, aber heute gibt es das nur noch
in Diktaturen. Das sind Länder, wo ein einzelner
Mensch oder eine kleine Gruppe über alle bestimmt. Deutschland ist keine Diktatur, bei uns gilt,
was im Gesetz steht. Und da steht, dass man nur für
das bestraft werden kann, was man selbst getan hat.
Und dafür muss es Beweise geben. So einfach ist
das.
Aber warum bestrafen manche Lehrer und Lehrerin-

nen dann trotzdem alle? Weil sie sich nicht anders zu helfen wissen. Manchmal vielleicht auch, weil es ihnen zu anstrengend ist, herauszufinden, wer es wirklich war oder warum jemand stört. Sie versuchen einfach die Störungen zu verhindern, indem sie allen Angst machen. Auch voreinander. Sie denken nämlich: Wenn ich alle bestrafe, werden die Unschuldigen sauer auf die, die wirklich Quatsch gemacht haben. Dann gibt es untereinander Streit und aus Angst vor diesem Streit lassen die Störer ihre Störerei. Oder die »Übeltäter« werden von den anderen verpetzt. Aber meistens funktioniert das nicht. Schon deswegen ist es falsch.

Natürlich ist auch die beste Lehrerin nicht perfekt. So wie auch der netteste Schüler mal nervt und stört. Deswegen ist es auch okay, wenn eine Lehrerin mal sauer wird oder jemanden vor die Tür schickt. Aber das sollte die Ausnahme sein. Außerdem ist es ein Unterschied, ob ich jemanden rausschicke, weil er die anderen stört, oder ob ich ihn damit bestrafen will. Durch Strafe versteht man nichts, sie macht nur ängstlich. Oder wütend. Und mit Wut und Angst kann man nicht lernen. Das sollten wir Erwachsenen eigentlich wissen, aber manchmal vergessen wir es. Deswegen muss man es uns immer wieder sagen.

Komme gleich

»Erwachsene sagen immer:
›Ich komme gleich!‹, brauchen dann aber
noch eine halbe Stunde. Doch wenn sie uns
Kinder rufen, müssen wir sofort kommen.
Warum?«, fragt Wieland, 11 Jahre.

Tja, Wieland, ich könnte es mir einfach machen und auf deine ernste Frage etwas Lustiges antworten. Zum Beispiel: Och, Erwachsene sind ein bisschen wirr im Kopf und wissen manchmal nicht, was sie reden. Oder sie können nicht richtig Deutsch und kennen nicht den Unterschied zwischen »gleich« und »später, wenn ich hier mit der anderen Sache fertig bin«. Oder sie können die Uhr nicht lesen. Aber ich befürchte, das stimmt nicht.

Die brutale Wahrheit ist: Wir Erwachsenen sind tatsächlich so verrückt zu glauben, wir hätten mehr Rechte als Kinder. Zum Beispiel das Recht zu sagen, wir kämen »gleich«, es dann aber nicht zu tun. Wir nehmen uns das heraus, weil wir meinen, dass die

Dinge, die wir tun, grundsätzlich wichtiger sind als die Dinge, die Kinder tun. Wir müssen ja schließlich jeden Tag zur Arbeit gehen und Geld verdienen, damit unsere Familien ein Dach über dem Kopf haben, etwas zu essen auf dem Teller und Klamotten zum Anziehen – gern auch ein paar Bücher, eine Xbox und einen MP3-Player. Nach der Arbeit müssen wir dann zu Hause noch aufräumen, putzen, die Wäsche machen und die Treppe fegen. Wenn wir endlich mit all diesen wichtigen Dingen fertig sind, dann wollen wir auch mal was zum Spaß machen: ein Buch lesen, die Bundesliga-Konferenzschaltung im Radio hören, heimlich *„Mieten, kaufen, wohnen"* im Fernsehen gucken …

Wenn wir dann bei diesen wichtigen oder endlich entspannenden Dingen gestört werden, weil ein Kind ruft: »Papa, komm doch mal!« – dann sagen wir eben, wir kämen »gleich«. Weil wir ja einerseits gute Eltern sein wollen, andererseits aber denken: »Na, so wichtig kann das ja nicht sein, ich mach jetzt erst mal die Buntwäsche fertig oder lese den Artikel zu Ende …«

Dabei wäre es so einfach, sich richtig zu verhalten.

Wir müssen einfach euch Kinder genau so ernst nehmen wie uns selbst. Eure Probleme in der Schule sind zum Beispiel nicht weniger wichtig als unsere Probleme bei der Arbeit. Aber ihr müsst uns natürlich auch ernst nehmen. Egal, ob Erwachsener oder Kind: Wenn wir nicht »gleich« können, weil wir noch etwas beenden müssen oder wollen, dann sollten wir auch nicht »gleich« sagen, sondern »in zehn Minuten« oder »in einer halben Stunde«. Und wenn der andere dann mit dieser Antwort nicht zufrieden ist, kann er immer noch Stress machen. Zu viel Friede, Freude, Eierkuchen ist ja auch langweilig …

Kosenamen

»Wieso geben Erwachsene einander
komische Namen?«, fragt Lucas, 10 Jahre.

Das ist wirklich seltsam. Aber auch lustig. Auf der Straße und bei der Arbeit versuchen Erwachsene immer ernst zu wirken. Wir sagen »Sie« zueinander und »Herr Baumann« oder »Frau Dr. Berger«. Wir verabschieden uns in Briefen mit »Hochachtungsvoll«. Aber kaum sind wir zu Hause, werden wir albern und geben den Menschen, die wir lieben, Kosenamen. Das Wort »Kosenamen« kommt übrigens vom Verb »kosen« und das heißt »liebevoll oder zärtlich zu jemandem sein«.

Wir nennen uns dann also »Schätzchen«, »Schnuffelbär« oder »Kuschelmops«.

Dagegen ist eigentlich nichts zu sagen. Und es ist sogar logisch: Wer bei der Arbeit den ganzen Tag cool und erwachsen sein muss, möchte irgendwo auch wieder mal klein und niedlich sein dürfen. Deswegen enden viele Kosenamen auch auf »i« oder

»-chen«: Schnucki, Mausi, Kätzchen, Täubchen …
Solange Menschen diese Kosenamen nur zu Hause benutzen, ist auch alles okay. Schwierig wird es, wenn jemand im Restaurant laut zu seinem Mann oder seiner Frau sagt: »Spatzerl, du hast Spinat zwischen den Zähnen.« Oder: »Speckwürstchen, zutzel doch mal dein Kleid grade.« Wenn man das mit anhören muss, ist es irgendwie peinlich.

Sehr peinlich ist es auch für die meisten Kinder, wenn ihre Eltern sie in der Öffentlichkeit mit Kosenamen rufen. Wenn zum Beispiel die Mutter ihren Sohn von der Schule abholt und vor den Freunden fragt: »Und wie war's heute, mein Hase?« Wobei »Hase« noch geht. Ich hatte in der Grundschule einen Freund, der von seiner Mutter »Mäusepups« genannt wurde. Auch wenn wir anderen dabei waren. Da möchte ich heute noch im Boden versinken …

In meiner Familie versuche ich das Problem zu umgehen, indem ich meinen Lieben Kosenamen geben, die man nicht als Kosenamen erkennen kann. Namen von Werkzeugen oder Berühmtheiten von früher. Wenn ich meine Tochter in Anwesenheit ihrer Freundinnen frage: »Hey Vierkantschlüssel, wie war's heute in Bio?«, halten mich alle nur für ein bisschen bekloppt. Das stört weder mich noch meine Tochter. Sage ich zu meiner Frau in der Öffentlichkeit: »Komm, Indira Gandhi, gehen wir einen Kaffee trinken«, dann merkt niemand, dass ich grade sehr privat werde. Und jetzt könnt ihr mal googeln, wer Indira Gandhi war. Ich vermute mal, dass die von niemandem in der Öffentlichkeit »Puschelnase« genannt wurde …

Peinlich

»Meine Mutter will mich immer
überall abholen, zum Beispiel nach der
Tanzschuldisco. Warum muss sie so peinlich
sein?«, fragt Pauline, 14 Jahre.

Da sprichst du eine der großen Fragen der
Menschheit an. Zunächst einmal: Eltern sind nicht
mit Absicht peinlich. Im Gegenteil, heutzutage
wollen die Eltern oft cool sein. Sie wollen, dass ihre
Kinder sie als Freunde ansehen, was das Ganze meist
noch schlimmer macht. Eltern können vielleicht in
ihrer eigenen Welt cool sein, aber nicht in der Welt
ihrer Kinder. Denn da gehören sie einfach nicht hin.
Zumindest nicht als »Freunde«.
Sagen wir es so: Eltern sind Eltern, sie müssen ihren
Kindern Mut machen, Verständnis haben, helfen,
aber sie sollen eben auch aufpassen, nachfragen und
rumnerven. Sie müssen das tun, weil sie ihre Kinder
lieben. Und wenn man jemanden liebt, dann sorgt
man sich eben um ihn und man versucht ihn zu

beschützen. Das gehört zum Eltern-Job dazu. Und zum Job der Kinder gehört es, den Eltern zu beweisen, dass sie keine Babys mehr sind. Das klappt nicht immer. Aber Kinder haben das Recht, mal Mist zu bauen. So wie Eltern das Recht haben, den Kindern auf den Senkel zu gehen. So läuft das Spiel. Und dazu gehören auch Streitereien, Verhandlungen, Kompromisse, gebrochene und neu gegebene Versprechen. Das ist alles völlig okay und auch normal.

Nicht normal ist es, wenn Eltern auf bestimmte Arten peinlich sind. Wenn sie zum Beispiel auf deiner Geburtstagsparty Witze erzählen. Oder mittanzen! Oder wenn sie Freundinnen, die bei dir übernachtet haben, beim Frühstück persönliche Fragen stellen. Oder deine Kindergartengeschichten petzen.

Die Regel ist ganz einfach: Wenn andere Kinder in der Nähe sind, haben Eltern sich gefälligst dezent im Hintergrund zu halten. Dann wird nicht gewitzelt, nicht gelabert und auch nicht rumgemeckert. Auch die Erwachsenen wollen so etwas ja nicht. Die fänden es nicht toll, wenn ihre Kinder an den

Arbeitsplatz kämen und Familienprobleme ausbreiten würden. Oder dem neuen Freund der Mutter Einzelheiten über ihren Verflossenen erzählen.

In diesem Sinne: Vielleicht schafft deine Mutter es ja beim nächsten Mal, nicht direkt vor der Tanzschule zu stehen, sondern hundert Meter weiter. Und statt mit einem Schmatzer und den Worten: »Na, Schätzchen, hat es Spaß gemacht?« kann sie dich einfach mit einem Lächeln begrüßen. Das kriegt sie hin, bestimmt!

Schule

»Warum verlangt mein Vater von mir,
dass ich in der Schule gut bin, gibt aber
selbst vor Freunden damit an, wie faul
und frech er früher war?«,
fragt Anna, 10 Jahre.

Um ehrlich zu sein: Wir Erwachsenen sind Schisshasen. Reine Schlottermänner und -frauen. Vor allem wenn's um unsere Kinder und die Schule geht. Dabei wissen wir doch, dass auch aus uns was geworden ist, obwohl wir früher faul und frech waren. Und wir wissen, dass ein netter und interessanter Mensch gar nicht immer perfekt und korrekt sein kann. Aber blöderweise ist unsere Angst größer als unser Verstand.

Wir denken, wenn du im Unterricht Quatsch machst, dich mit den Lehrern anlegst, Wasserbomben aus dem dritten Stock schmeißt und die Türklinke des Klassenzimmers mit Glibberschleim einschmierst, verlierst du in Mathe, Bio und

Englisch die Übersicht und bleibst sitzen. Wir glauben, wenn du zu Hause nur Musik hörst, am Smartphone rumdaddelst und mit Freundinnen chattest, statt die Hausaufgaben zu erledigen – dann kriegst du keinen Abschluss und schließlich keine Arbeit. Und endest in der Gosse. Kurzum: Das ganze Leben ist versaut. Ja, so schlicht denken wir. Und deswegen gibt es immer diesen Stress: Üb Vokabeln, schreib ordentlich, konzentrier dich doch mal …

So weit, so logisch. Aber warum lügen wir dann nicht, dass die Schwarte kracht, wenn's um unsere eigene Schulzeit geht? Wir könnten doch versuchen dir ein gutes Beispiel vorzuschwindeln und behaupten, wir hätten nur Einsen gehabt, nie abgeschrieben und niemals einen Lehrer angebrüllt.

Machen wir aber nicht. Warum? Weil wir ja selbst keine doofen Streber gewesen sein wollen. Es reicht doch, dass wir heute als Erwachsene bei der Arbeit alles richtig machen sollen und dem unfairen Chef mit dem fiesen Mundgeruch nicht widersprechen dürfen. Deswegen erinnern wir uns so gern an die Zeiten, als wir uns noch trauten frech zu sein. Als

wir uns noch sofort gegen Ungerechtigkeiten ge-
wehrt haben und uns zu nix zwingen ließen. Weil
die Lehrer uns ja nix konnten, außer eine schlechte
Note geben, was keinen interessierte. Nur unsere
Eltern. Weil die natürlich auch Angstbeutel waren.
Aber das Schöne ist: Unsere Eltern hatten damals
mit ihrem Gemecker genauso wenig Erfolg bei uns
wie wir heute bei euch. Manchmal ist das Leben
dann doch gerecht.

Rituale

**»Wieso wollen Eltern dauernd wissen,
was man in der Schule gemacht hat?«,
fragt Mina, 11 Jahre.**

Menschen haben »Rituale«. So nennt man Dinge, die man in der gleichen Situation immer wieder auf die gleiche Art macht. Das ist praktisch, dann muss man sich nicht jedes Mal etwas Neues überlegen. Wenn man sich begegnet, fragt man zum Beispiel: »Wie geht's?« Nicht weil man wirklich wissen will, wie es dem anderen geht, sondern als Begrüßungsfloskel. So wie »Hallo« oder »Guten Tag«. Zu diesem Ritual gehört auch eine immer ähnliche Antwort auf die gleiche Frage. In Norddeutschland oder im Ruhrgebiet klingt solch ein Gespräch manchmal so: »Wie geht's?« – »Muss ja. Und selbst?« – »Ja, muss auch.« Wenn man sich wirklich etwas zu erzählen hat, kann man das im Anschluss machen. Oder man geht wieder seiner Wege. Die Eltern-Frage »Wie war's in der Schule?« kann genau so eine andere Art von »Hallo« sein. Dann antwortest du als Kind eben: »Och, ganz okay« oder »Bescheuert wie immer«. Und fertig.

Wenn wir Eltern dann aber nachbohren, bedeutet unsere Frage vielleicht: »Und, war heute etwas Besonderes in der Schule?« Könnte ja sein. Vielleicht hat ein Lehrer rumgeschrien, sich dabei verschluckt, ist fast erstickt und musste mit dem Hubschrauber abtransportiert werden. Vielleicht habt ihr eine Klassenarbeit zurückbekommen und alle haben eine Eins, nur du hast eine Sechs. Oder andersrum. Oder ein Kind ist vom Stuhl gefallen und hat sich dabei die Schneidezähne ausgeschlagen. So was ist ja nicht uninteressant. Und man kann sich darüber unterhalten. Weil es nett ist, sich zu unterhalten, und man dabei etwas voneinander erfährt. Aber natürlich dürfen Kinder auch sagen: »Ich bin kaputt, ich mag jetzt grad nichts erzählen.«

Doof ist es allerdings, wenn wir als Eltern gar nicht zuhören, während unser Kind erzählt, was in der Schule los war. Das machen wir manchmal, weil wir hektisch und gestresst sind. Dann musst du als Kind auch mal deutlich sagen: »Wenn du mich was fragst, dann hör mir auch zu.« Wenn du deine Eltern aber verwirren willst, dann antworte auf die Frage »Wie war's in der Schule?« einfach etwas wie: »Kurios … skurril … aber ich kann es noch nicht ganz einordnen. Lasst mir bitte noch etwas Zeit.« Und geh dann kopfschüttelnd in dein Zimmer. In neun von zehn Fällen werden deine Eltern dann ratlos ins Nichts starren und kurz schweigen. Und das hat ja auch mal was.

Was man so darf

»Warum haben Eltern so viel Angst um uns und warum sind manche strenger als andere?«, fragt Olaf, 11 Jahre.

Eltern sind unterschiedlich streng, weil sie unterschiedliche Dinge erlebt haben und unterschiedliche Schlüsse daraus ziehen. Manche Eltern sind selbst streng erzogen worden und finden das im Nachhinein gut. Obwohl es ihnen als Kind total auf den Senkel gegangen ist. Aber heute denken sie: »Aus mir ist doch ein toller Erwachsener geworden, also muss die Erziehung meiner Eltern richtig gewesen sein. So mache ich das jetzt auch.«

Bei anderen ist es anders. Die finden es heute noch doof, dass ihre eigenen Eltern so streng waren. Manche haben sogar als Erwachsene noch hin und wieder Albträume von Verboten und Strafen. Deswegen sind sie besonders locker mit ihren Kindern. Ich bin auch so. Eigentlich …

Früher habe ich es gehasst, dass mir ständig jemand

vorschreiben wollte, was ich zu tun und zu lassen hatte. Deshalb möchte ich meine Tochter alles ausprobieren lassen, was sie ausprobieren möchte. Und ich möchte ihr gerne entspannt beim Leben und Erwachsenwerden zuschauen. Aber ich schaffe es nicht. Das Lockersein funktioniert nicht. Weil ich ein Schisser bin.

Ich habe Angst, dass meiner Tochter etwas passiert, dass sie in Gefahr gerät oder dass Menschen ihr Böses wollen. Deswegen verbiete ich ihr mehr, als ich eigentlich möchte und gut finde. Sie ist davon genervt und ich kann das verstehen. Oft reiße ich mich aber auch zusammen und erlaube ihr etwas, obwohl ich Angst um sie habe. Meistens sitze ich dann zu Hause und bibbere vor mich hin, bis sie wieder gesund und unverletzt vor mir steht.

Andere Eltern sind da sorgloser. Vielleicht weil sie selbst nie etwas Schlimmes erlebt haben und deswegen davon ausgehen, dass ihren Kindern auch nichts Schlimmes passiert. Oder sie haben einfach keine Fantasie. Sie können sich vielleicht gar nicht vorstellen, was alles passieren kann. Ich aber bin Schriftsteller und hab ganz schlimm viel Fantasie. Es ist mein Beruf, mir den ganzen Tag etwas vorzustellen: Schönes, Lustiges, aber auch Katastrophen, Mord und Totschlag. Da wird man eben vorsichtig. Das ist eine Berufskrankheit. Und meine Tochter muss drunter leiden. Sorry.

Gute Vorsätze

»Warum nehmen Erwachsene sich
jedes Jahr zu Silvester vor, im neuen Jahr
alles anders und besser zu machen?«,
fragt Matteo, 10 Jahre.

Wir Erwachsene sind komische Wesen: Wir leben ganz selten in der Gegenwart. Je älter wir werden, desto öfter denken wir an gestern. An das, was früher war, was wir in unserer Kindheit und Jugend erlebt haben. Und wenn wir uns nicht an früher erinnern, denken wir an morgen. Die Gegenwart, das Jetzt, überspringen wir einfach. Stattdessen versuchen wir die Zukunft zu planen, damit ja nichts Überraschendes passiert.

Wenn wir so rumplanen, stellen wir uns natürlich nur das Gute vor, das wir in Zukunft machen wollen. Heraus kommen dann Dinge wie die berühmten »guten Vorsätze«, die wir an Silvester fürs neue Jahr fassen. Natürlich sagt niemand: »Och, nächstes Jahr versuche ich noch öfter faul auf dem Sofa rum-

zuliegen, mehr fieses Fast Food zu essen, möglichst
vierzig Zigaretten am Tag zu rauchen und meine
Familie regelmäßig ordentlich anzuschreien.« Nein,
wir nehmen uns vor, besser und netter zu werden,
uns gesünder zu ernähren, mit doofen und schäd-
lichen Gewohnheiten aufzuhören.

Aber meistens nehmen wir uns zu schwierige Dinge vor. Und wenn wir dann versagen, verhalten wir
uns erst richtig bescheuert. Wir denken dann nicht:
»Okay, wenn ich es nicht hinkriege, drei Mal die
Woche zu joggen, schaffe ich es vielleicht wenigstens
ein Mal.« Oder: »Statt gar keine Süßigkeiten mehr
zu essen, wie ich es eigentlich vorhatte, gibt's jeden
Tag nur einen Riegel Schokolade.« Nee, wir denken:
»Ach, bringt doch alles nix, ich schaff das nie, ich
bin eine Flasche, am besten lass ich es gleich ganz.«
Und dann machen wir alles wieder wie vorher,
ärgern uns dabei aber furchtbar über uns selbst. Zur
Beruhigung müssen wir dann abends fünf Stunden
vorm Fernseher liegen und zwei Tafeln Schokolade
auf einmal essen …

Dass Kinder das nicht verstehen, ist klar. Wenn man
wie ich für Kinder schreibt, muss man zwar aufpas-

sen, dass man nicht versucht, sich durch Schmeicheleien bei den Kindern einzuschleimen, aber hier muss ich euch wirklich mal loben: Ihr Kinder könnt im Gegensatz zu uns sehr gut in der Gegenwart leben. Ihr denkt viel seltener an gestern und morgen. Deswegen habt ihr auch mehr Spaß – solange wir Erwachsenen euch nicht zu sehr mit unserem Genöle stören. Klar, ihr könnt euch auch Sachen vornehmen: keine Pausenbrote mehr im Schulrucksack vergammeln lassen oder mehr Klavier üben. Aber kaum macht ihr was anderes, was Interessantes, was Schönes – schwups, ist der Vorsatz vergessen und ihr konzentriert euch ganz auf den Moment. Auf das »Jetzt«. Und das ist super. Viel superer, als sich irgendeinen Quatsch vorzunehmen. Glückwunsch.

Reden

»Manchmal höre ich zufällig,
wie meine Eltern sich über mich und
meine Freunde unterhalten. Wenn ich dann
frage, worum es geht, sagen sie: ›Nichts‹.
Was soll das?«, fragt Anna, 11 Jahre.

Kurz gesagt sind die Gründe für dieses Verhalten: Sorge und Neugierde. Manchmal sind wir Erwachsenen aber auch nur kackdreist.

Nun etwas ausführlicher: Wir möchten zum Beispiel gerne, dass unser Kind nur nette Freunde hat. Vielleicht denken wir aber auch aus irgendeinem Grund, dass der neue Nachbarsjunge fies ist und unser Kind heimlich foltert. Oder was Eltern eben manchmal für Horrorvorstellungen haben. Dann sagt der Vater vielleicht zur Mutter: »Findest du auch, dass dieser Johannes unseren Mehmet immer so rumkommandiert?« Gleichzeitig ist uns so was aber peinlich. Wir wollen uns ja nicht immer Sorgen machen. Vor allem wollen wir euch keine Angst

und kein Misstrauen einreden. Also tuscheln wir
hinter eurem Rücken.

Manchmal sind wir auch nur Tratschtanten. Vielleicht hat deine Freundin Klamotten an, die deine
Eltern toll oder merkwürdig finden. Oder deine
Freundin macht irgendetwas auf eine besondere
Art: reden, essen, Nase putzen. Schon müssen die
Eltern-Tanten tratschen. Eigentlich wissen wir aber,
dass sich das nicht gehört. Also antworten wir nicht,
wenn unsere Kinder nachfragen. Weil es uns selbst
unangenehm ist.

Und wenn deine Eltern »heimlich« über dich reden?
Auch das kann viele Gründe haben. Vielleicht geht
es um eine Überraschung oder um etwas, was eigentlich gar nicht so schlimm ist, dir aber trotzdem
Angst machen könnte. Oder um etwas, was noch
nicht entschieden ist.

Sorgen machen wir uns alle. Auch zum Lästern und
Tratschen neigen wir alle, die Alten wie die Jungen.
Tatsächlich müssen wir Erwachsenen auch viele
Entscheidungen für unsere Kinder treffen, weil wir
die Verantwortung haben. Und wir meinen oft,
diese Dinge müssten wir erst einmal untereinander

besprechen, bevor wir mit euch reden. Ich finde allerdings, Menschen sollten so viel wie möglich direkt miteinander klären. Egal ob Erwachsene oder Kinder. Das geht nicht immer, aber öfter, als man denkt. Und wenn man doch mal hintenrum quatschen muss, dann kann man doch darauf achten, dass die anderen es wirklich nicht mitkriegen. Ein bisschen Mühe muss man sich da schon geben.

Sagen,
was man denkt

»Warum sagen Erwachsene nicht, was sie denken?«, fragt Philipp, 10 Jahre.

Menno, schon wieder so eine schwierige Frage. Aber dafür bin ich ja da. Also: Natürlich sollte man ehrlich sagen, was man denkt. Allerdings gibt es auch Situationen, in denen das Gegenteil richtig ist. Zum Beispiel, wenn eine Ärztin einen Patienten behandelt. Vielleicht redet er wie ein Wasserfall und sagt blöde Sachen über Kindererziehung oder Umweltschutz. Oder die Ärztin findet es unmöglich, welchen Fußballverein er mag: Bayern München. Sie ist aber BVB-Fan. Aber sie sagt ihm selbstverständlich nicht, was sie über ihn denkt. Sie will sich ja nicht streiten. Denn das hat alles mit der ärztlichen Behandlung nichts zu tun. Und um die geht es in diesem Moment.

Oder wenn sich ein Freund eine Hose gekauft hat,

die ich total uncool finde, er sich aber freut wie ein Schneekönig – warum soll ich ihm dann wehtun, indem ich sage: »Deine Hose ist doof«? Oder wenn er einen neuen Haarschnitt hat: »Hör mal, du siehst ja aus wie 'ne Seekuh mit Perücke«? Hauptsache, ihm selbst gefallen Hose und Haare. Also nicke ich nur freundlich. Das hat nichts mit Lügen zu tun, sondern damit, dass es nicht in jeder Situation wichtig ist, was ich denke. Manches geht mich einfach nichts an. Warum soll ich die Menschen unnötig nerven oder beleidigen?

In anderen Situationen ist es anders. Da ist es sehr wohl wichtig, was wir denken. Und dass wir es sagen. Weil uns jemand nach unserer ehrlichen Meinung fragt oder weil wir gemeinsam mit anderen eine Entscheidung treffen wollen. Oder weil wir jemanden verteidigen müssen, der sich alleine nicht wehren kann. Dann sollte man mutig sein und seine Meinung sagen, auch wenn man sich damit vielleicht Schwierigkeiten einhandelt.

Manchmal aber kommen wir Erwachsenen durcheinander. Dann plappern wir, wo es unangebracht ist, und schweigen, wo wir reden sollten. Ist ja auch gar nicht so einfach, das immer auseinanderzuhalten. Aber wenn wir unseren Kindern oder Partnern nicht sagen, was uns beschäftigt, worüber wir uns Sorgen machen oder was wir an ihnen mögen – dann ist das dumm und falsch. Wenn man sich mag, dann sollte man miteinander reden.

Mein Dank geht an die vielen Kinder, die mir regelmäßig so interessante Fragen schicken. Und an Susanne Gaschke, Inge Kutter und Frank Kühne. Aber ein ganz besonderer Dank geht an Katrin Hörnlein, weil es ohne sie die Kolumne »Erwachsene verstehen« gar nicht gäbe. Und weil sie eine tolle Redakteurin ist. Und überhaupt.

Hartmut El Kurdi wurde 1964 in Amman/
Jordanien geboren und wuchs in London und
Kassel auf. Nach einem kulturwissenschaftlichen
Studium lebt er heute mit Frau und Tochter in
Hannover. Er arbeitet am Theater, schreibt
Geschichten, Hörspiele und Theaterstücke für
Kinder und Erwachsene sowie satirische
Kolumnen und Buchbesprechungen. Seit Herbst
2011 schreibt er für ZEIT LEO die Kolumne
»Erwachsene verstehen«, aus der dieses Buch
entstanden ist.
Bei Carlsen sind von ihm außerdem die panische
Superheldengeschichte »Angstmän« und das Bilder-
buch »Bettmän« (gemeinsam mit Marine Ludin)
erschienen.
Homepage: www.hartmutelkurdi.de

ZEIT LEO: © 2016 Zeitverlag Gerd Bucerius GmbH & Co KG
Projektkoordination: Laura Klaßen, Zeitverlag
© 2016 by Carlsen Verlag GmbH, 22703 Hamburg
Alle deutschen Rechte vorbehalten
Texte: Hartmut El Kurdi
Illustrationen: Marine Ludin
Umschlaggestaltung: Notburga Reisener
Satz und Herstellung: Constanze Hinz
Lithografie: Margit Dittes Media, Hamburg
Druck und Bindung: GGP Media GmbH, Pößneck
ISBN: 978-3-551-25197-8

Printed in Germany